skola - Šola		2
ceļojums - Potovanje		5
transports - Prevoz		8
pilsēta - Mesto		10
ainava - Pokrajina		14
restorāns - Restavracija		17
lielveikals - Supermarket		20
dzērieni - Pijače		22
ēdiens - Hrana		23
zemnieku saimniecība - Kmetija		27
māja - Hiša		31
viesistaba - Dnevna soba		33
virtuve - Kuhinja		35
vannas istaba - Kopalnica		38
bērnu istaba - Otroška soba		42
apģērbs - Oblačilo		44
birojs - Pisarna		49
ekonomika - Gospodarstvo		51
profesijas - Poklici		53
instrumenti - Orodje		56
mūzikas instrumenti - Glasbeni instrument		57
zooloģiskais dārzs - Živalski vrt		59
sports - Šport		62
darbības - Dejavnosti		63
ģimene - Družina		67
ķermenis - Telo		68
slimnīca - Bolnišnica		72
ārkārtas gadījums - Nujni primer		76
zeme - Zemlja		77
pulkstenis - Ura		79
nedēļa - Teden		80
gads - Leto		81
formas - Oblike		83
krāsas - Barve		84
pretstati - Nasprotja		85
skaitļi - Števila		88
Valodas - Jeziki		90
kas / ko / kā - Kdo / kaj / kako		91
kur - Kje		92

Impressum
Verlag: BABADADA GmbH, Nedderfeld 112 , 22529 Hamburg
Geschäftsführer / Verlagsleitung: Harald Hof
Druck: Books on Demand GmbH, In de Tarpen 42, 22848 Norderstedt

Imprint
Publisher: BABADADA GmbH, Nedderfeld 112 , 22529 Hamburg, Germany
Managing Director / Publishing direction: Harald Hof
Print: Books on Demand GmbH, In de Tarpen 42, 22848 Norderstedt, Germany

skola

Šola

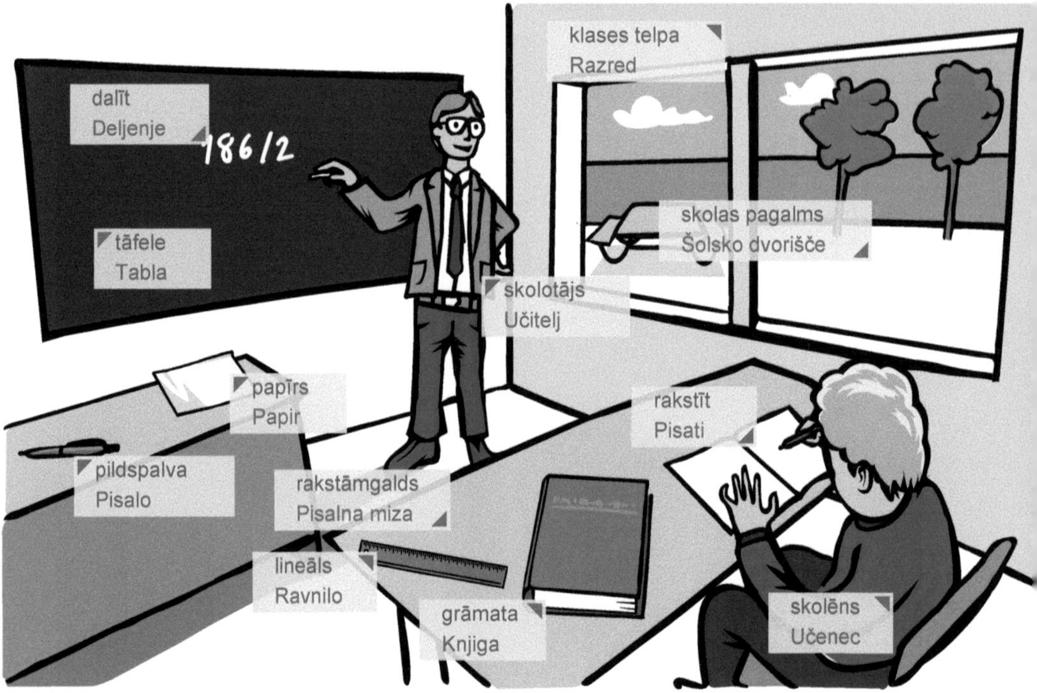
klases telpa
Razred
dalīt
Deljenje
186/2
tāfele
Tabla
skolas pagalms
Šolsko dvorišče
skolotājs
Učitelj
papīrs
Papir
rakstīt
Pisati
pildspalva
Pisalo
rakstāmgalds
Pisalna miza
lineāls
Ravnilo
grāmata
Knjiga
skolēns
Učenec

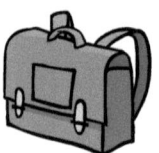

skolas soma

Šolska torba

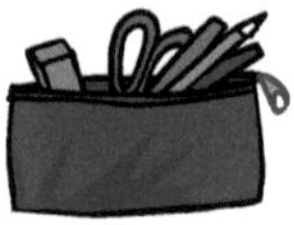

penālis

Peresnica

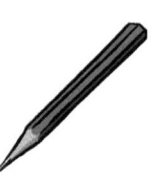

zīmulis

Svinčnik

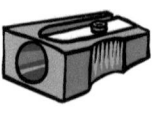

zīmuļu asināmais

Šilček

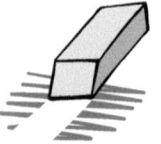

dzēšgumija

Radirka

zīmēšanas bloks

Risalni blok

zīmējums
Risba

ota
Čopič

krāsas
Vodene barvice

šķēres
Škarje

līme
Lepilo

darba burtnīca
Zvezek

mājas darbs
Domača naloga

skaitlis
Število

saskaitīt
Seštevanje

atņemt
Odštevanje

reizināt
Množenje

rēķināt
Računanje

burts
Črka

alfabēts
Abeceda

hello

vārds
Beseda

teksts

Besedilo

lasīt

Brati

krīts

Kreda

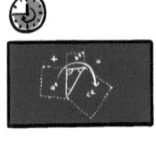

mācību stunda

Učna ura

žurnāls

Redovalnica

eksāmens

Preizkus znanja

liecība

Spričevalo

skolas forma

Šolska uniforma

izglītība

Izobrazba

enciklopēdija

Enciklopedija

universitāte

Univerza

mikroskops

Mikroskop

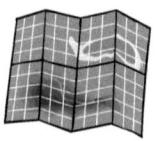

karte

Zemljevid

papīrgrozs

Koš za smeti

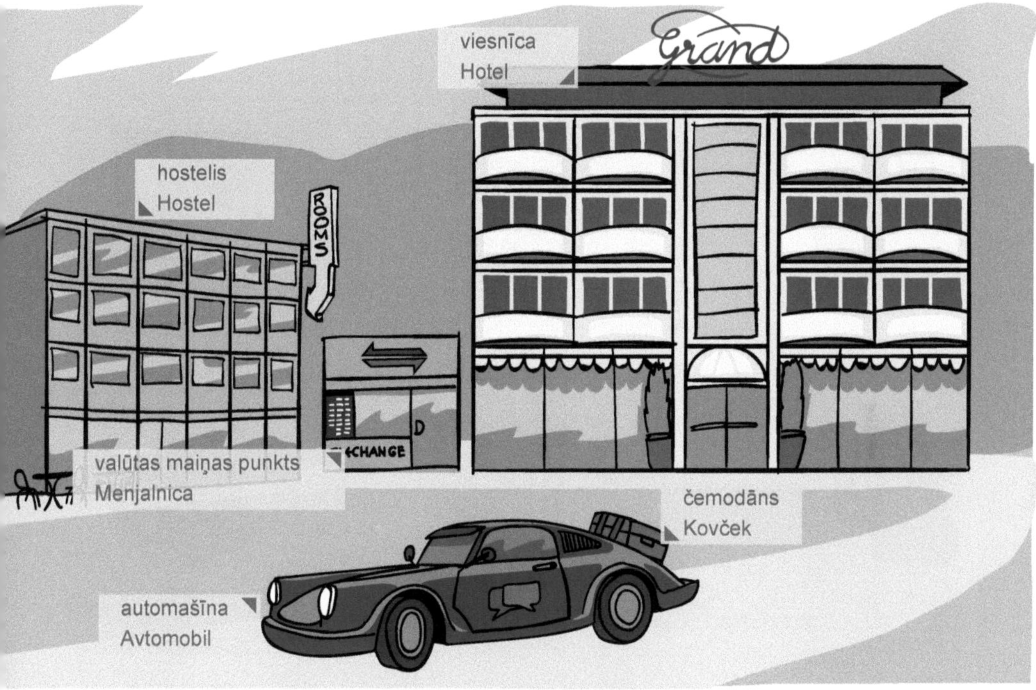
viesnīca
Hotel
Grand
hostelis
Hostel
ROOMS
EXCHANGE
valūtas maiņas punkts
Menjalnica
čemodāns
Kovček
automašīna
Avtomobil

Valoda

Jezik

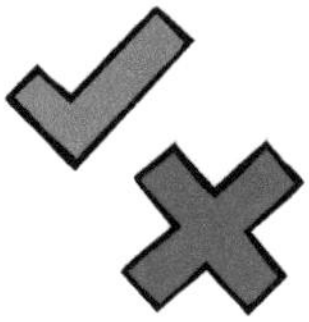

jā / nē

da / ne

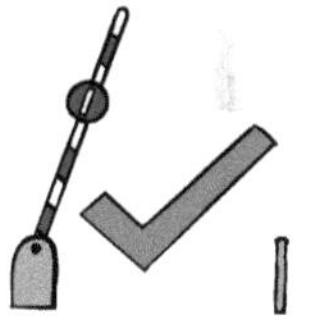

Okay

Prav

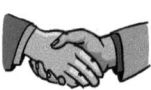

Sveiki!

Pozdravljeni

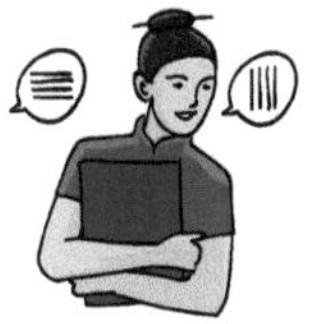

tulks

Prevajalec

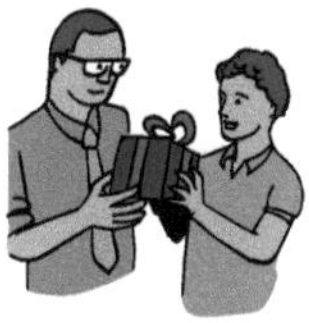

paldies

Hvala

Cik maksā...?

Koliko stane...?

Es nesaprotu

Ne razumem

problēma

Težava

Labvakar!

Dober večer!

Labrīt!

Dobro jutro!

Ar labu nakti!

Lahko noč!

Uz redzēšanos

Nasvidenje

virziens

Smer

bagāža

Prtljaga

soma

Torba

mugursoma

Nahrbtnik

viesis

Gost

istaba

Soba

guļammaiss

Spalna vreča

telts

Šotor

tūrisma informācija

Turistične informacije

pludmale

Plaža

kredītkarte

Kreditna kartica

brokastis

Zajtrk

pusdienas

Kosilo

vakariņas

Večerja

biļete

Vozovnica

lifts

Dvigalo

pastmarka

Znamka

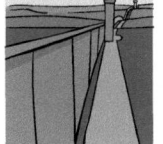

robeža

Meja

muita

Carina

vēstniecība

Veleposlaništvo

vīza

Vizum

pase

Potni list

transports
Prevoz

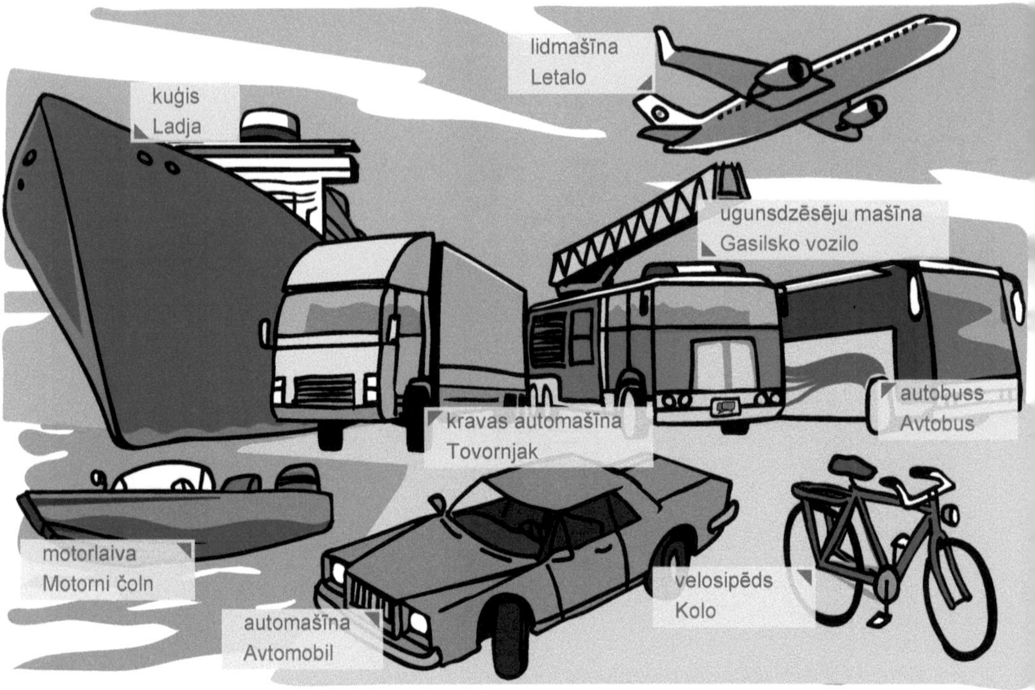
lidmašīna
Letalo
kuģis
Ladja
ugunsdzēsēju mašīna
Gasilsko vozilo
autobuss
Avtobus
kravas automašīna
Tovornjak
motorlaiva
Motorni čoln
velosipēds
Kolo
automašīna
Avtomobil

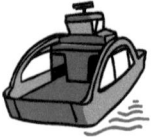

prāmis

Trajekt

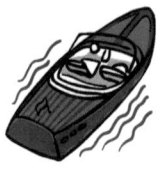

laiva

Čoln

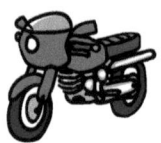

motocikls

Motorno kolo

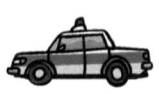

policijas automašīna

Policijski avto

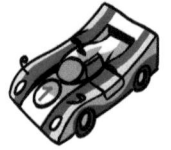

sacīkšu automobilis

Dirkalni avto

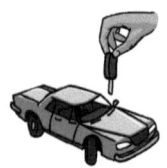

nomas auto

Najeto vozilo

auto koplietošana

Souporaba avtomobila

evakuators

Avtovleka

atkritumu mašīna

Smetarsko vozilo

dzinējs

Motor

benzīns

Gorivo

degvielas uzpildes stacija

Bencinska postaja

ceļa zīme

Prometni znak

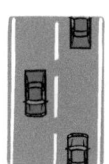

satiksme

Promet

sastrēgums

Zastoj

stāvvieta

Parkirišče

dzelzceļa stacija

Železniška postaja

sliedes

Tirnice

vilciens

Vlak

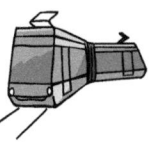

tramvajs

Tramvaj

vagons

Vagon

helikopters

Helikopter

lidosta

Letališče

tornis

Stolp

pasažieris

Potnik

konteiners

Kontejner

kaste

Karton

ratiņi

Voziček

grozs

Košara

pacelties / nosēsties

vzleteti / pristati

pilsēta
Mesto

ciems

Vas

pilsētas centrs

Mestno jedro

māja

Hiša

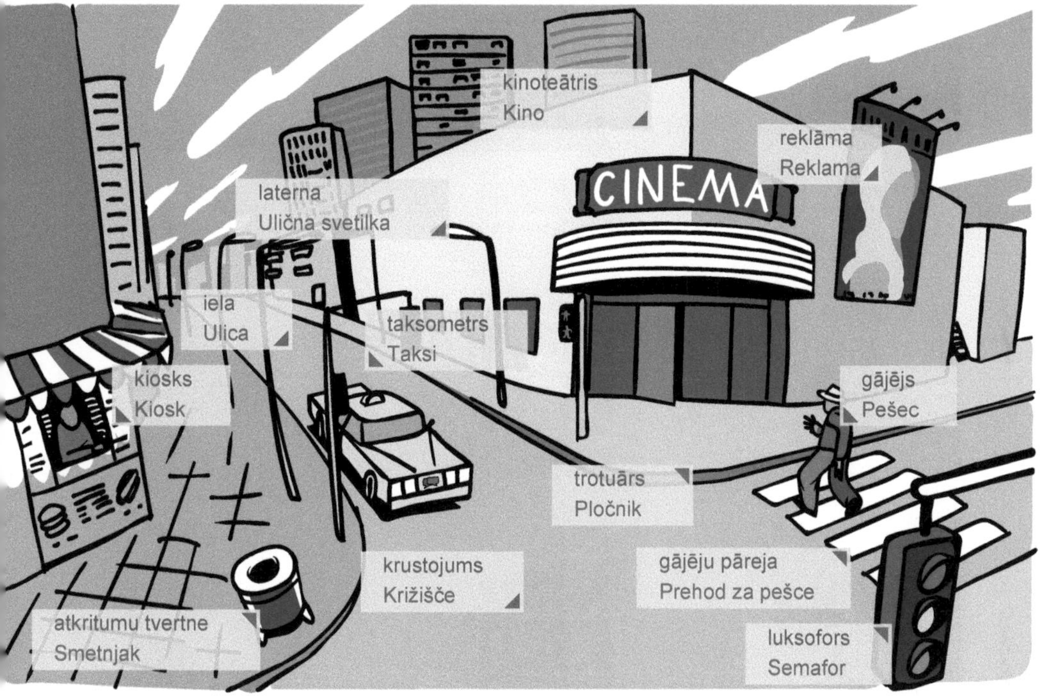

kinoteātris / Kino

reklāma / Reklama

laterna / Ulična svetilka

iela / Ulica

taksometrs / Taksi

gājējs / Pešec

kiosks / Kiosk

trotuārs / Pločnik

krustojums / Križišče

gājēju pāreja / Prehod za pešce

atkritumu tvertne / Smetnjak

luksofors / Semafor

būda
Koča

dzīvoklis
Stanovanje

dzelzceļa stacija
Železniška postaja

rātsnams
Mestna hiša

muzejs
Muzej

skola
Šola

universitāte

Univerza

banka

Banka

slimnīca

Bolnišnica

viesnīca

Hotel

aptieka

Lekarna

birojs

Pisarna

grāmatnīca

Knjigarna

veikals

Trgovina

ziedu veikals

Cvetličarna

lielveikals

Supermarket

tirgus

Tržnica

tirdzniecības centrs

Veleblagovnica

zivju tirgotājs

Ribarnica

tirdzniecības centrs

Nakupovalno središče

osta

Pristanišče

parks
Park

sols
Klop

tilts
Most

kāpnes
Stopnice

metro
Podzemna železnica

tunelis
Predor

autobusa pieturvieta
Avtobusno postajališče

bārs
Bar

restorāns
Restavracija

pastkastīte
Poštni nabiralnik

ielas nosaukuma plāksne
Ulična tabla

stāvlaika skaitītājs
Parkirna ura

zooloģiskais dārzs
Živalski vrt

peldbaseins
Kopališče

mošeja
Mošeja

zemnieku saimniecība

Kmetija

vides piesārņojums

Onesnaževanje

kapsēta

Pokopališče

baznīca

Cerkev

spēļu laukums

Otroško igrišče

templis

Tempelj

ainava

Pokrajina

lapa
List

ceļrādis
Kažipot

ceļš
Pot

pļava
Travnik

akmens
Kamen

koks
Drevo

ceļotājs
Pohodnik

upe
Reka

zāle
Trava

puķe
Cvetlica

ieleja

Dolina

kalns

Hrib

ezers

Jezero

mežs

Gozd

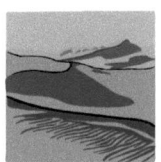

tuksnesis

Puščava

vulkāns

Vulkan

pils

Grad

varavīksne

Mavrica

sēne

Goba

palma

Palma

moskīts

Komar

muša

Muha

skudra

Mravlja

bite

Čebela

zirneklis

Pajek

vabole

Hrošč

varde

Žaba

vāvere

Veverica

ezis

Jež

zaķis

Zajec

pūce

Sova

putns

Ptič

gulbis

Labod

meža cūka

Divji prašič

briedis

Jelen

alnis

Los

aizsprosts

Jez

vēja ģenerators

Vetrnica

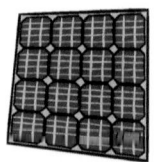

saules baterija

Solarna plošča

klimats

Podnebje

restorāns

Restavracija

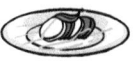

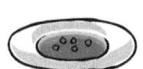

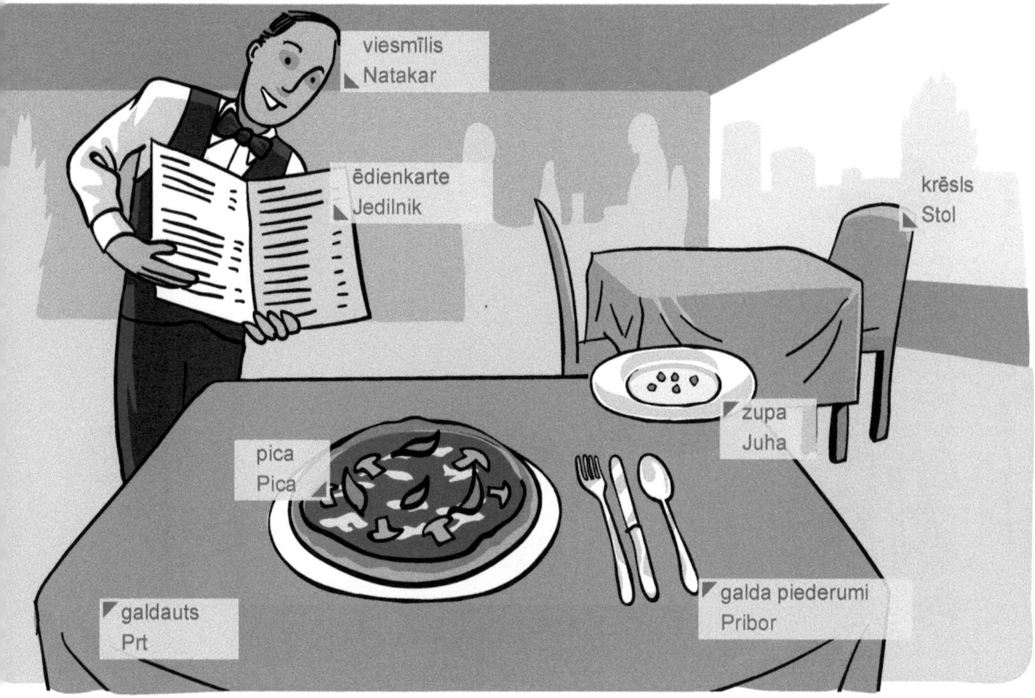
viesmīlis
Natakar
ēdienkarte
Jedilnik
krēsls
Stol
zupa
Juha
pica
Pica
galdauts
Prt
galda piederumi
Pribor

uzkoda

Predjed

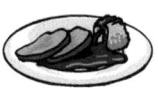

pamatēdiens

Glavna jed

deserts

Sladica

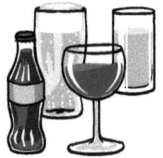

dzērieni

Pijače

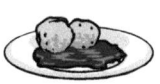

ēdiens

Hrana

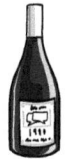

pudele

Steklenica

ātrās uzkodas

Hitra hrana

ielu uzkodas

Ulična hrana

tējkanna

Čajnik

cukurtrauks

Sladkornica

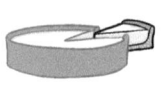

porcija

Porcija

espresso kafijas automāts

Aparat za espresso

bāra krēsls

Stolček za hranjenje

rēķins

Račun

paplāte

Pladenj

nazis

Nož

dakša

Vilica

karote

Žlica

tējkarote

Čajna žlička

salvete

Servieta

glāze

Kozarec

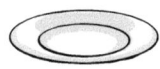

šķīvis
Krožnik

zupas šķīvis
Globoki krožnik

apakštase
Krožniček

mērce
Omaka

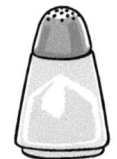

sāls trauciņš
Solnica

piparu dzirnaviņas
Mlinček za poper

etiķis
Kis

eļļa
Olje

garšvielas
Začimbe

kečups
Kečap

sinepes
Gorčica

majonēze
Majoneza

lielveikals
Supermarket

piedāvājums
Posebna ponudba
klients
Stranka
piena produkti
Mlečni izdelki
augļi
Sadje
iepirkumu ratiņi
Nakupovalni voziček
FOR

BUTCHERS

kautuve

Mesnica

BAKERY

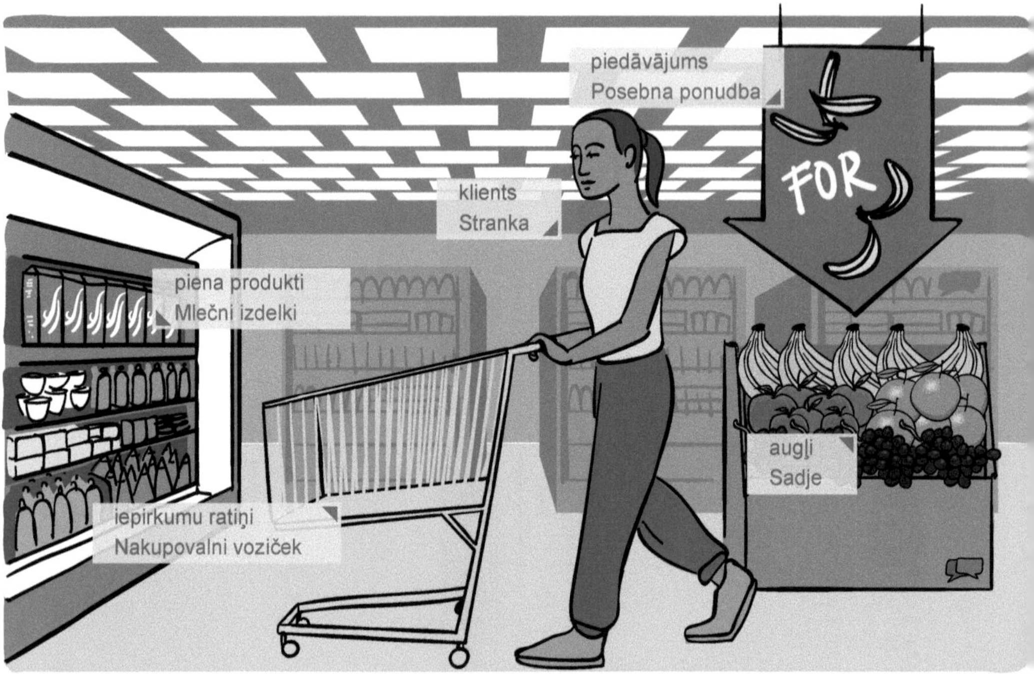

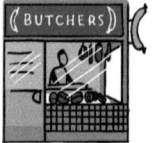

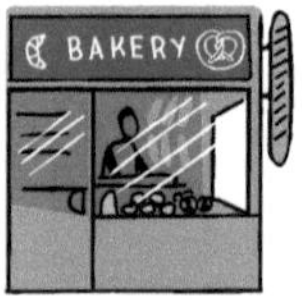

maizes veikals

Pekarna

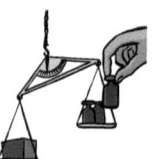

svērt

Tehtati

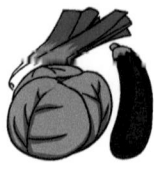

dārzeņi

Zelenjava

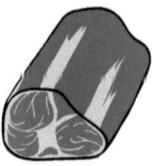

gaļa

Meso

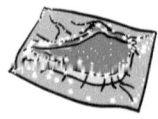

saldēti produkti

Zamrznjena hrana

aukstās gaļas uzkodas

Hladne mesnine

konservi

Konzerve

pulveris

Pralni prašek

saldumi

Sladkarije

mājsaimniecības preces

Gospodinjski izdelki

tīrīšanas līdzeklis

Čistilno sredstvo

pārdevēja

Prodajalka

kase

Blagajna

kasieris

Blagajnik

iepirkumu saraksts

Nakupovalni seznam

darba laiks

Delovni čas

maks

Denarnica

kredītkarte

Kreditna kartica

soma

Torba

maisiņš

Plastična vrečka

ūdens	sula	piens
Voda	Sok	Mleko

kola	vīns	alus
Kola	Vino	Pivo

alkohols	kakao	tēja
Alkohol	Kakav	Čaj

kafija	espresso	kapučīno
Kava	Espresso	Kapučino

banāns
Banana

ābols
Jabolko

apelsīns
Pomaranča

melone
Lubenica

citrons
Limona

burkāns
Korenje

ķiploks
Česen

bambuss
Bambus

sīpols
Čebula

sēne
Goba

rieksti
Oreščki

makaroni
Rezanci

spageti

Špageti

rīsi

Riž

salāti

Solata

frī kartupeļi

Ocvrt krompirček

cepti kartupeļi

Pečen krompir

pica

Pica

hamburgers

Hamburger

sviestmaize

Sendvič

šnicele

Zrezek

šķiņķis

Šunka

salami

Salama

desa

Klobasa

vista

Piščanec

cepetis

Pečenka

zivs

Riba

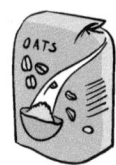

auzu pārslas

Ovseni kosmiči

muslis

Musli

brokastu pārslas

Koruzni kosmiči

milti

Moka

radziņš

Rogljiček

brokastu maizītes

Žemlja

maize

Kruh

tostermaize

Prepečenec

cepumi

Piškoti

sviests

Maslo

biezpiens

Skuta

kūka

Torta

ola

Jajce

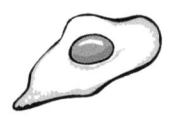

cepta ola

Pečeno jajce na oko

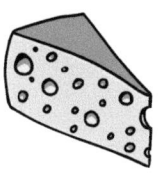

siers

Sir

saldējums

Sladoled

cukurs

Sladkor

medus

Med

marmelāde

Marmelada

riekstu krēms

Čokoladni namaz

karijs

Kari

zemnieku saimniecība
Kmetija

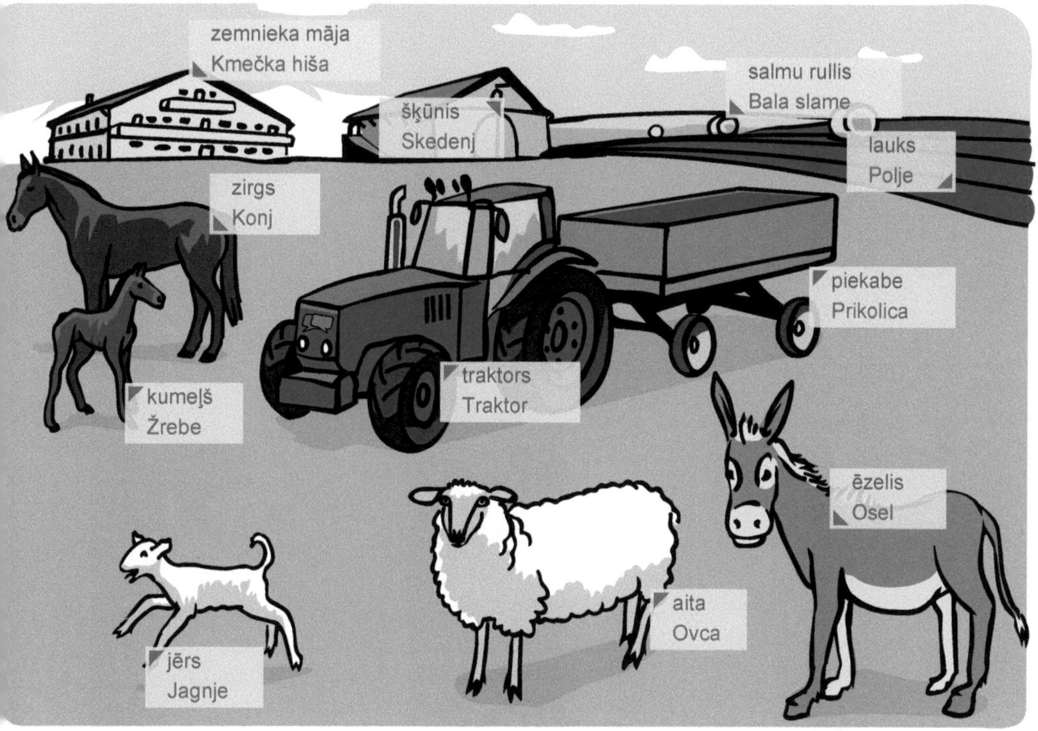
zemnieka māja
Kmečka hiša
šķūnis
Skedenj
salmu rullis
Bala slame
lauks
Polje
zirgs
Konj
piekabe
Prikolica
traktors
Traktor
kumeļš
Žrebe
ēzelis
Osel
aita
Ovca
jērs
Jagnje

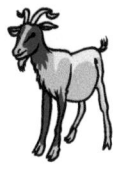

kaza
Koza

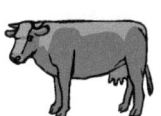

govs
Krava

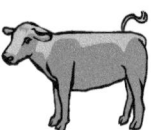

teļš
Tele

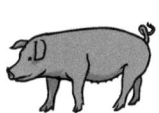

cūka
Prašič

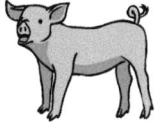

sivēns
Pujsek

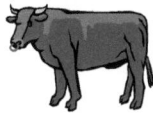

bullis
Bik

zoss

Gos

pīle

Raca

cālis

Piščanec

vista

Kokoš

gailis

Petelin

žurka

Podgana

kaķis

Mačka

pele

Miš

vērsis

Vol

suns

Pes

suņa būda

Pasja uta

dārza šļūtene

Cev za zalivanje

lejkanna

Kangla za zalivanje

izkapts

Kosa

arkls

Plug

sirpis
Srp

kaplis
Motika

mēslu dakša
Vile

cirvis
Sekira

ķerra
Samokolnica

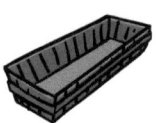

sile
Korito

piena kanna
Kangla za mleko

maiss
Vreča

žogs
Ograja

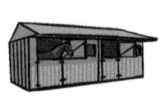

kūts
Hlev

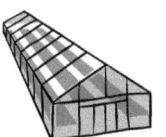

siltumnīca
Rastlinjak

augsne
Prst

sēklas
Seme

mēslojums
Gnojilo

kombains
Kombajn

novākt ražu
....
Žeti

raža
....
Žetev

jamss
....
Jam

kvieši
....
Pšenica

soja
....
Soja

kartupelis
....
Krompir

kukurūza
....
Koruza

rapsis
....
Oljna ogrščica

augļu koks
....
Sadno drevo

manioka
....
Maniok

labība
....
Žito

māja
Hiša

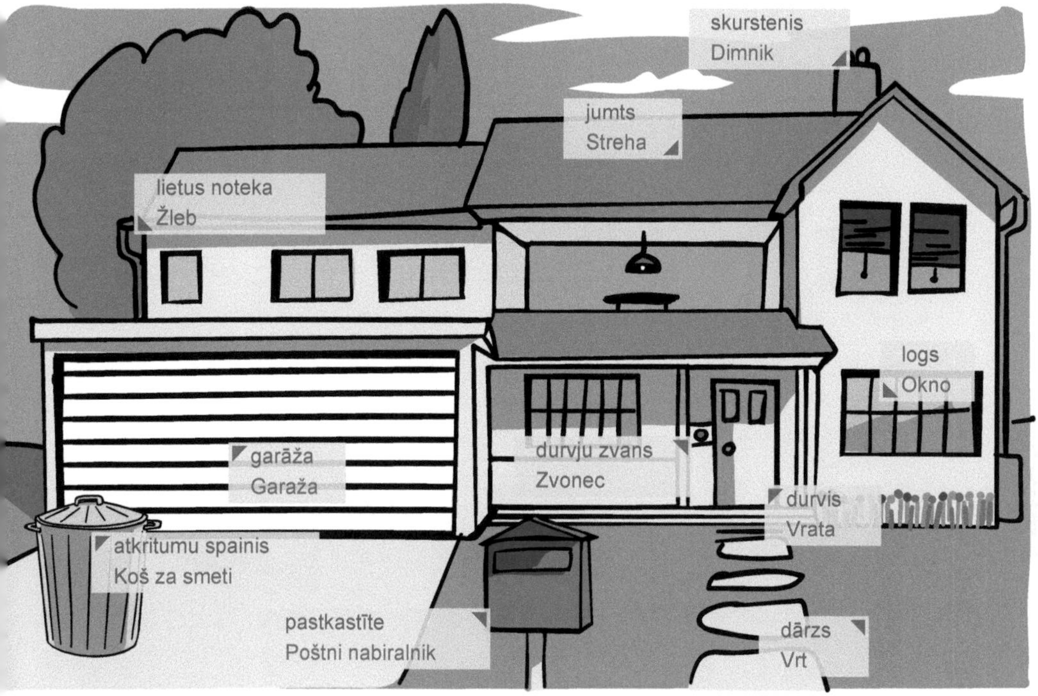

skurstenis
Dimnik
jumts
Streha
lietus noteka
Žleb
logs
Okno
garāža
Garaža
durvju zvans
Zvonec
durvis
Vrata
atkritumu spainis
Koš za smeti
pastkastīte
Poštni nabiralnik
dārzs
Vrt

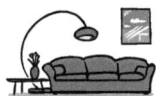

viesistaba
Dnevna soba

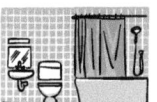

vannas istaba
Kopalnica

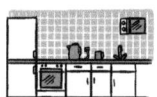

virtuve
Kuhinja

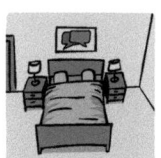

guļamistaba
Spalnica

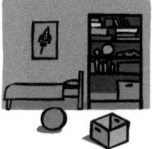

bērnu istaba
Otroška soba

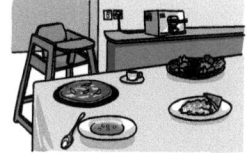

ēdamistaba
Jedilnica

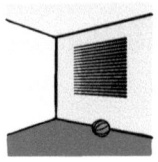

grīda

Tla

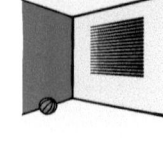

siena

Stena

griesti

Strop

pagrabs

Klet

sauna

Savna

balkons

Balkon

terase

Terasa

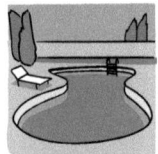

baseins

Bazen

zāles pļāvējs

Kosilnica

gultas veļa

Rjuha

sega

Posteljno pregrinjalo

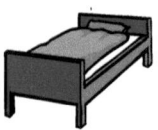

gulta

Postelja

slota

Metla

spainis

Vedro

slēdzis

Stikalo

viesistaba
Dnevna soba

tapetes
Tapeta
attēls
Slika
lampa
Svetilka
plaukts
Polica
skapis
Omara
televizors
Televizor
kamīns
Kamin
puķe
Cvetlica
spilvens
Blazina
dīvāns
Zofa
vāze
Vaza
tālvadības pults
Daljinski upravljalnik

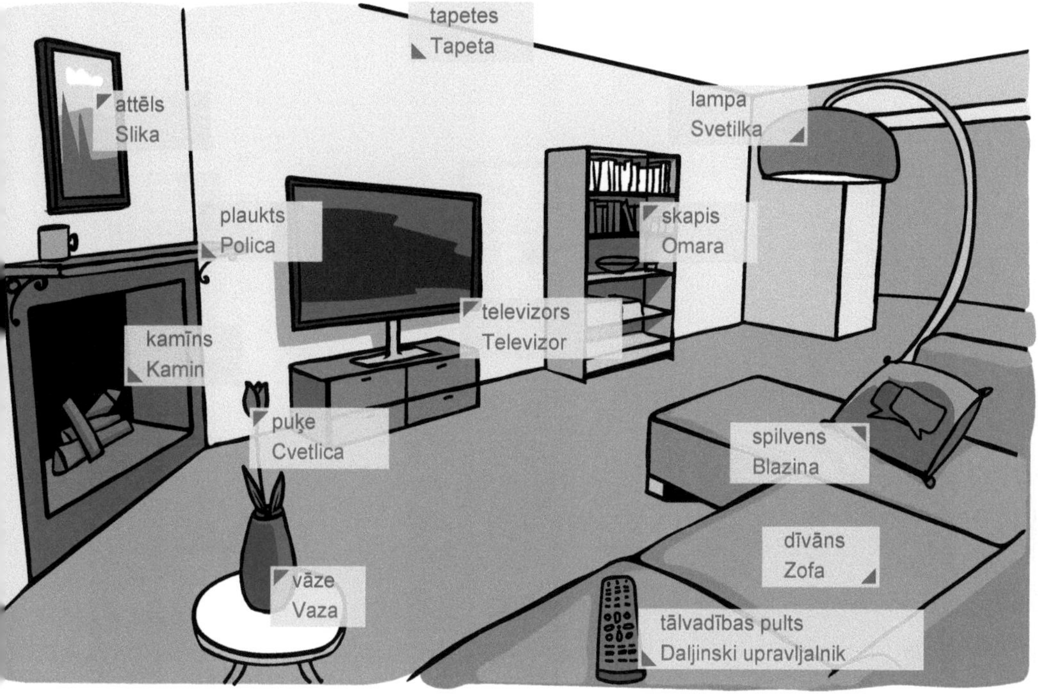

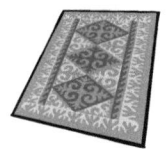

paklājs

Preproga

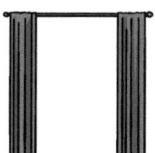

aizkars

Zavesa

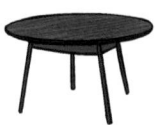

galds

Miza

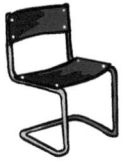

krēsls

Stol

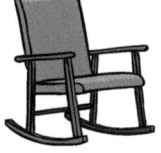

šūpuļkrēsls

Gugalnik

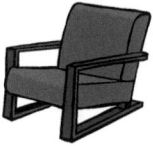

atpūtas krēsls

Naslanjač

grāmata

Knjiga

sega

Odeja

dekorācija

Dekoracija

malka

Drva

filma

Film

mūzikas centrs

Glasbeni stolp

atslēga

Ključ

avīze

Časopis

glezna

Slika

plakāts

Plakat

radio

Radio

pierakstu blociņš

Beležka

putekļu sūcējs

Sesalnik

kaktuss

Kaktus

svece

Sveča

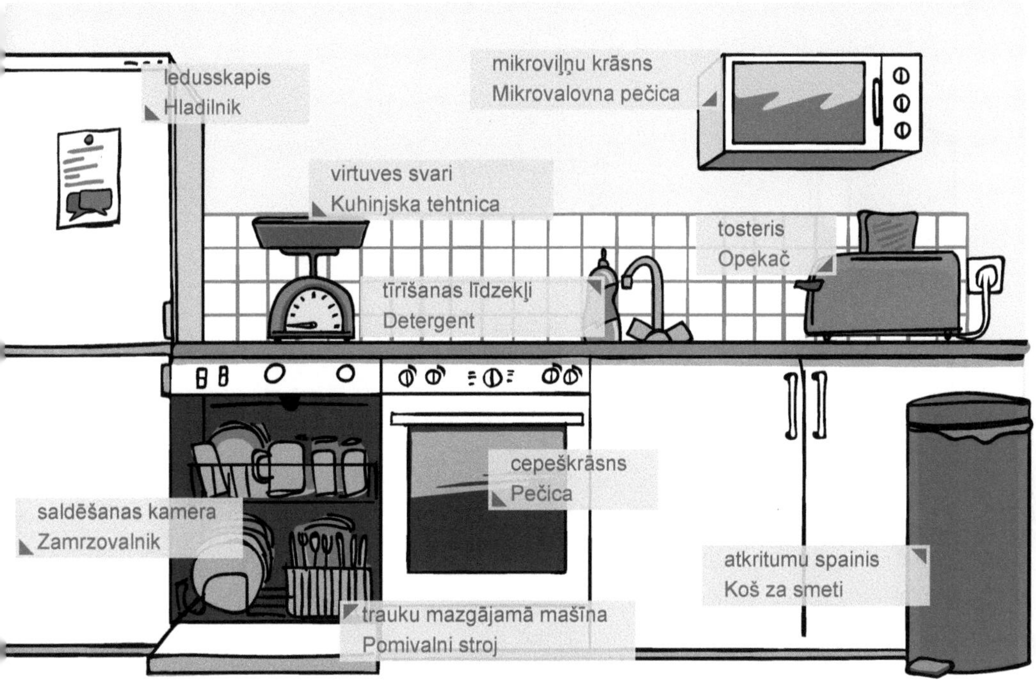

ledusskapis
Hladilnik

mikroviļņu krāsns
Mikrovalovna pečica

virtuves svari
Kuhinjska tehtnica

tosteris
Opekač

tīrīšanas līdzekļi
Detergent

cepeškrāsns
Pečica

saldēšanas kamera
Zamrzovalnik

atkritumu spainis
Koš za smeti

trauku mazgājamā mašīna
Pomivalni stroj

plīts

Kozica

pods

Lonec

katls

Litoželezni lonec

Wok panna

Vok / kadai

panna

Ponev

elektriskā tējkanna

Kotliček

tvaika katls

Parni kuhalnik

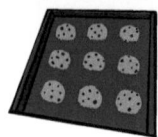

cepešpanna

Pekač

trauki

Posoda

krūze

Skodelica

bļoda

Skleda

irbulīši

Jedilne paličice

kauss

Zajemalka

lāpstiņa

Lopatica

putošanas slotiņa

Metlica

sietiņš

Cedilnik

siets

Cedilo

rīve

Strgalo

piesta

Možnar

grilēt

Žar

atklāts pavards

Ognjišče

dēlis

Deska za rezanje

mīklas rullis

Valjar

korķu vilķis

Odpirač za steklenice

bundža

Pločevinka

konservu nazis

Odpirač za konzerve

virtuves cimdi

Prijemalka za posodo

izlietne

Korito

birste

Ščetka

sūklis

Goba

mikseris

Mešalnik

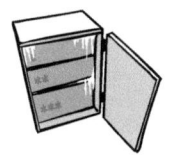

saldētava

Zamrzovalna skrinja

bērna pudelīte

Steklenička

ūdenskrāns

Pipa

vannas istaba
Kopalnica

apkure
Ogrevanje
dvielis
Brisača
duša
Prha
dušas aizkari
Zavesa za prho
vannas putas
Peneča kopel
vanna
Kopalna kad
glāze
Kozarec
veļas mašīna
Pralni stroj
ūdenskrāns
Pipa
flīzes
Ploščice
podiņš
Kahlica
izlietne
Korito

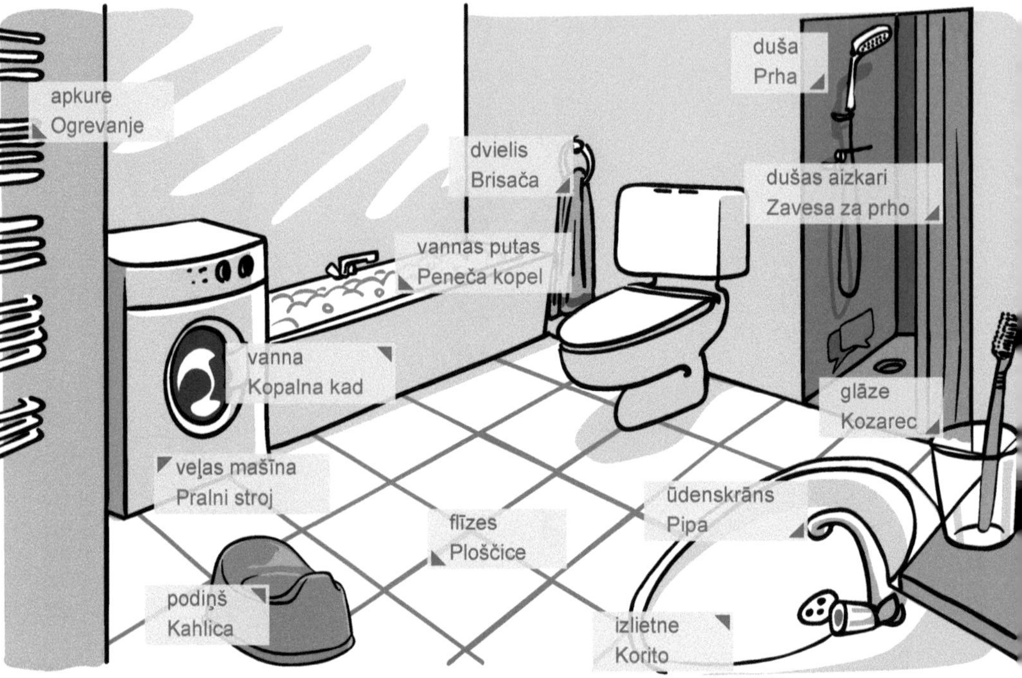

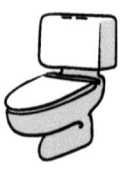

tualetes pods

Stranišče

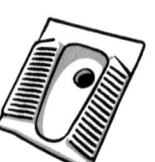

Āzijas tipa tualete

Stranišče na počep

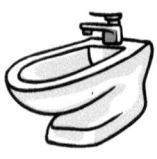

bidē

Bide

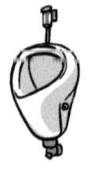

pisuārs

Pisoar

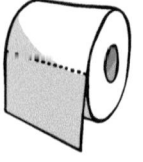

tualetes papīs

Toaletni papir

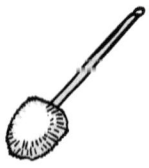

tualetes birste

Ščetka za straniščno školjko

zobu birste

Zobna ščetka

zobu pasta

Zobna pasta

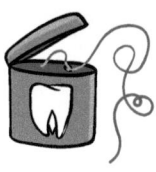

zobu diegs

Zobna nitka

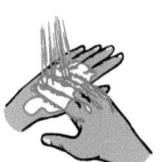

mazgāt

Umiti se

rokas duša

Ročna prha

duša

Prha za intimne dele

bļoda

Umivalnik

muguras mazgāšanas birste

Krtača za hrbet

ziepes

Milo

dušas želeja

Gel za prhanje

šampūns

Šampon

mazgāšanas drāna

Krpica za miljenje

noteka

Odtok

krēms

Krema

dezodorants

Deodorant

spogulis

Ogledalo

spogulītis

Ročno ogledalo

skuveklis

Britvica

skūšanās putas

Pena za britje

losjons pēc skūšanās

Vodica po britju

ķemme

Glavnik

matu suka

Ščetka

matu fēns

Sušilnik za lase

matu laka

Lak za lase

grima komplekts

Ličila

lūpu krāsa

Šminka

nagulaka

Lak za nohte

vate

Vatirane blazinice

šķērītes

Škarjice za nohte

smaržas

Parfum

kosmētikas maks

Toaletna torbica

ķeblītis

Stol brez naslonjala

svari

Osebna tehtnica

halāts

Kopalni plašč

tīrīšanas cimdi

Gumijaste rokavice

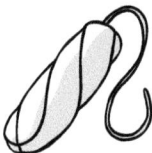

tampons

Tampon

pakete

Damski vložki

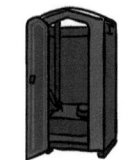

ķīmiskā tualete

Kemično stranišče

bērnu istaba
Otroška soba

modinātājs
Budilka
mīkstā rotaļlieta
Plišasta igrača
spēļu automašīna
Avtomobilček
grabulis
Ropotuljica
leļļu māja
Hiška za punčke
dāvana
Darilo

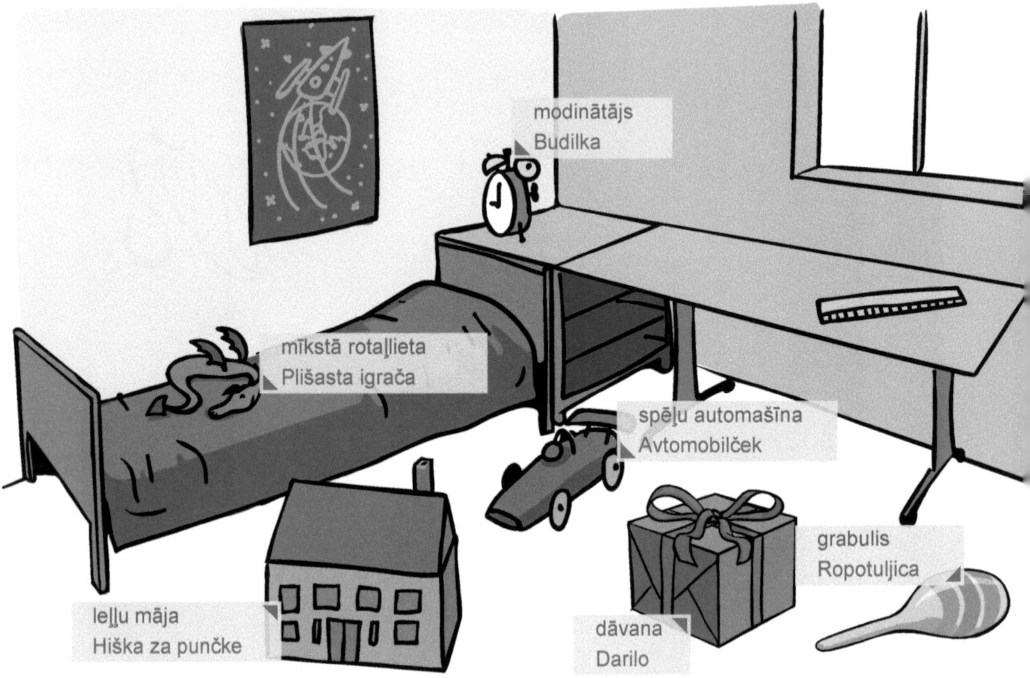

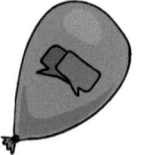

balons
Balon

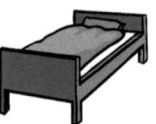

gulta
Postelja

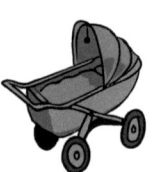

bērnu ratiņi
Otroški voziček

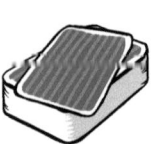

kārtis
Igralne karte

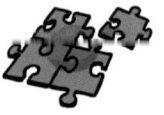

puzle
Sestavljanka

komikss
Strip

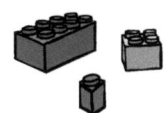

LEGO klucīši

Lego kocke

klucīši

Igralne kocke

varoņu figūra

Akcijska figura

rāpulītis

Bodi

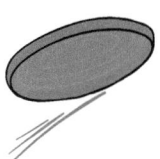

lidojošais šķīvītis

Frizbi

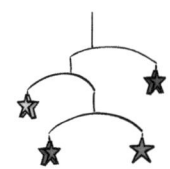

muzikālais karuselis

Vrtiljak za posteljico

galda spēle

Namizna igra

metamais kauliņš

Kocka

rotaļu dzelzceļš

Komplet modelov vlakov

māneklis

Duda

ballīte

Zabava

bilžu grāmata

Slikanica

bumba

Žoga

lelle

Lutka

spēlēt

Igrati se

smilšu kaste

Peskovnik

šūpoles

Gugalnica

rotaļlietas

Igrače

spēļu konsole

Igralna konzola

trīsritenis

Tricikel

plīša lācītis

Plišasti medvedek

drēbju skapis

Garderoba

apģērbs

Oblačilo

īszeķes

Nogavice

zeķes

Samostoječe nogavice

zeķbikses

Hlačne nogavice

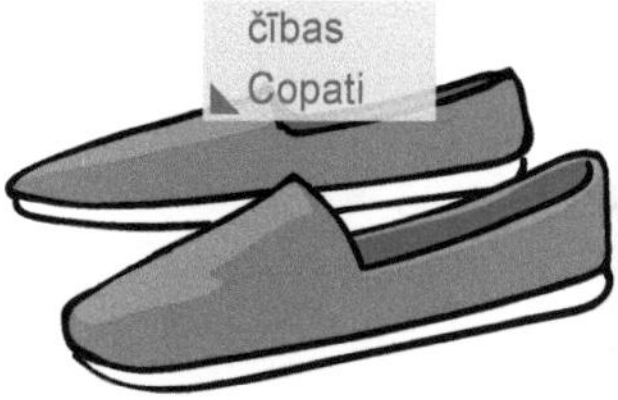

šalle
Šal

lietussargs
Dežnik

siksna
Pas

T-krekls
Majica s kratkimi rokavi

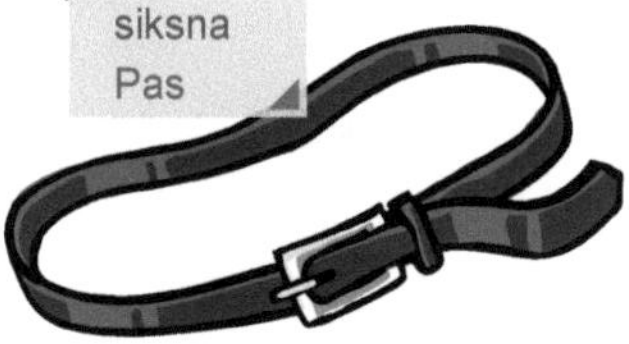

zābaks
Škornji

čības
Copati

botas
Športni copati

sandales
....
Sandali

kurpes
....
Čevlji

gumijas zābaki
....
Gumijasti škornji

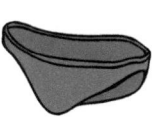

apakšbikses
....
Spodnje hlače

krūšturis
....
Modrček

apakškrekls
....
Telovnik

bodijs

Bodi

bikses

Hlače

džinsi

Kavbojke

svārki

Krilo

blūze

Bluza

krekls

Srajca

pulovers

Pulover

džemperis

Pletena jopica

žakete

Jopa

jaka

Jakna

mētelis

Plašč

lietus mētelis

Dežni plašč

kostīms

Kostim

kleita

Obleka

kāzu kleita

Poročna obleka

uzvalks

Obleka

naktskrekls

Spalna srajca

pidžama

Pižama

sari

Sari

lakats

Naglavna ruta

turbāns

Turban

burka

Burka

kaftāns

Kaftan

abaja

Abaja

peldkostīms

Kopalke

peldbikses

Kopalne hlače

šorti

Kratke hlače

treniņtērps

Trenirka

priekšauts

Predpasnik

cimdi

Rokavice

poga
Gumb

brilles
Očala

rokassprādze
Zapestnica

kaklarota
Verižica

gredzens
Prstan

auskars
Uhan

cepure
Kapa

drēbju pakaramais
Obešalnik

platmale
Klobuk

kaklasaite
Kravata

rāvējslēdzējs
Zadrga

ķivere
Čelada

bikšturi
Naramnice

skolas forma
Šolska uniforma

uniforma
Uniforma

priekšautiņš

Slinček

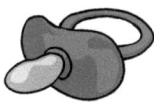

māneklis

Duda

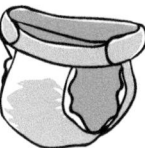

autiņbiksītes

Plenica

birojs
Pisarna

serveris
Strežnik

dokumentu skapis
Kartotečna omara

printeris
Tiskalnik

monitors
Monitor

papīrs
Papir

rakstāmgalds
Pisalna miza

pele
Miška

dokumentu vāki
Mapa

klaviatūra
Tipkovnica

papīrgrozs
Koš za smeti

dators
Računalnik

krēsls
Stol

kafijas krūze

Lonček za kavo

kalkulators

Kalkulator

internets

Internet

portatīvais dators
Prenosnik

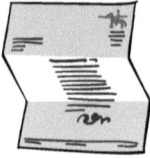

vēstule
Pismo

ziņa
Sporočilo

mobilais tālrunis
Mobilnik

tīkls
Omrežje

kopētājs
Kopirni stroj

programmatūra
Programska oprema

telefons
Telefon

rozete
Vtičnica

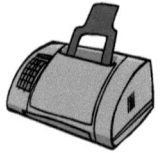

faksa aparāts
Telefaks

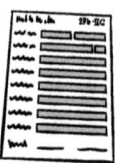

formulārs
Obrazec

dokuments
Dokument

pirkt
Kupiti

samaksāt
Plačati

tirgot
Trgovati

nauda
Denar

 USD

dolārs
Dolar

EUR

eiro
Evro

JPY

jēna
Jen

RUB

rublis
Rubelj

CHF

franks
Švičarski frank

CNY

juaņa renminbi
Kitajski juan renminbi

INR

rūpija
Rupija

bankomāts
Bankomat

valūtas maiņas punkts

Menjalnica

zelts

Zlato

sudrabs

Srebro

nafta

Nafta

enerģija

Energija

cena

Cena

līgums

Pogodba

nodoklis

Davek

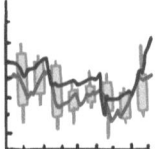

akcija

Delnice

strādāt

Delati

darbinieks

Delojemalec

darba devējs

Delodajalec

fabrika

Tovarna

veikals

Trgovina

policists
Policist

ugunsdzēsējs
Gasilec

pavārs
Kuhar

ārsts
Zdravnik

pilots
Pilot

dārznieks

Vrtnar

galdnieks

Mizar

šuvēja

Šivilja

tiesnesis

Sodnik

ķīmiķis

Kemik

aktieris

Igralec

autobusa vadītājs

Voznik avtobusa

taksometra vadītājs

Taksist

zvejnieks

Ribič

apkopēja

Čistilka

jumiķis

Krovec

viesmīlis

Natakar

mednieks

Lovec

gleznotājs

Pleskar

maiznieks

Pek

elektriķis

Električar

celtnieks

Gradbenik

inženieris

Inženir

miesnieks

Mesar

skārdnieks

Vodovodni inštalater

pastnieks

Poštar

karavīrs

Vojak

arhitekts

Arhitekt

kasieris

Blagajnik

florists

Cvetličar

frizieris

Frizer

konduktors

Sprevodnik

mehāniķis

Mehanik

kapteinis

Kapitan

zobārsts

Zobozdravnik

zinātnieks

Znanstvenik

rabīns

Rabin

imāms

Imam

mūks

Menih

mācītājs

Duhovnik

instrumenti
Orodje

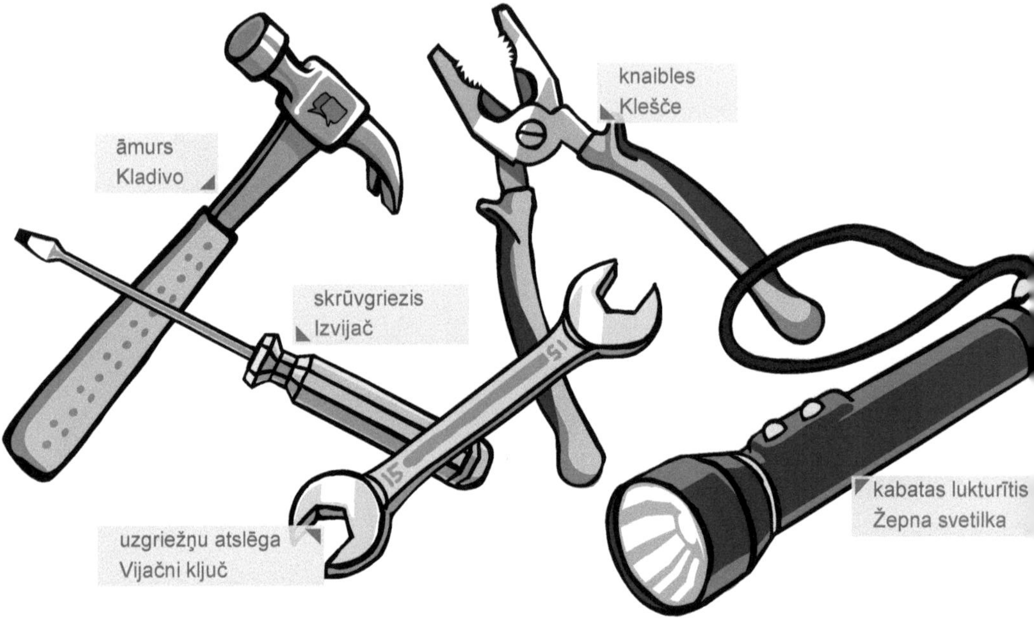

knaibles
Klešče
āmurs
Kladivo
skrūvgriezis
Izvijač
kabatas lukturītis
Žepna svetilka
uzgriežņu atslēga
Vijačni ključ

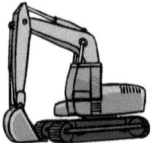

ekskavators

Bager

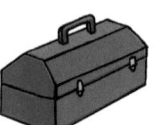

instrumentu kaste

Zaboj z orodjem

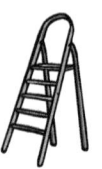

kāpnes

Lestev

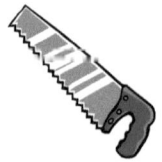

zāģis

Žaga

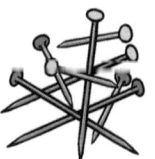

naglas

Žeblji

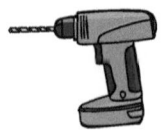

urbis

Vrtalnik

remontēt

Popraviti

lāpsta

Lopata

Velns!

Šment!

liekšķere

Smetišnica

krāsas bundža

Posoda z barvo

skrūves

Vijaki

mūzikas instrumenti
Glasbeni instrument

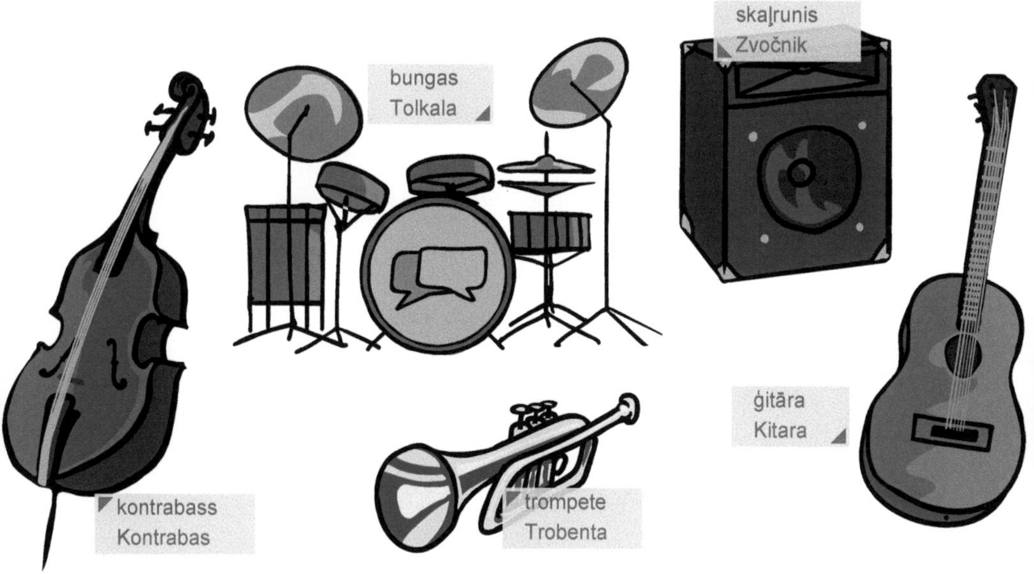

skaļrunis
Zvočnik

bungas
Tolkala

ģitāra
Kitara

kontrabass
Kontrabas

trompete
Trobenta

klavieres	vijole	bass
Klavir	Violina	Bas kitara

timpāni	bungas	digitālās klavieres
Pavke	Bobni	Sintetizator

saksofons	flauta	mikrofons
Saksofon	Flavta	Mikrofon

zooloģiskais dārzs
Živalski vrt

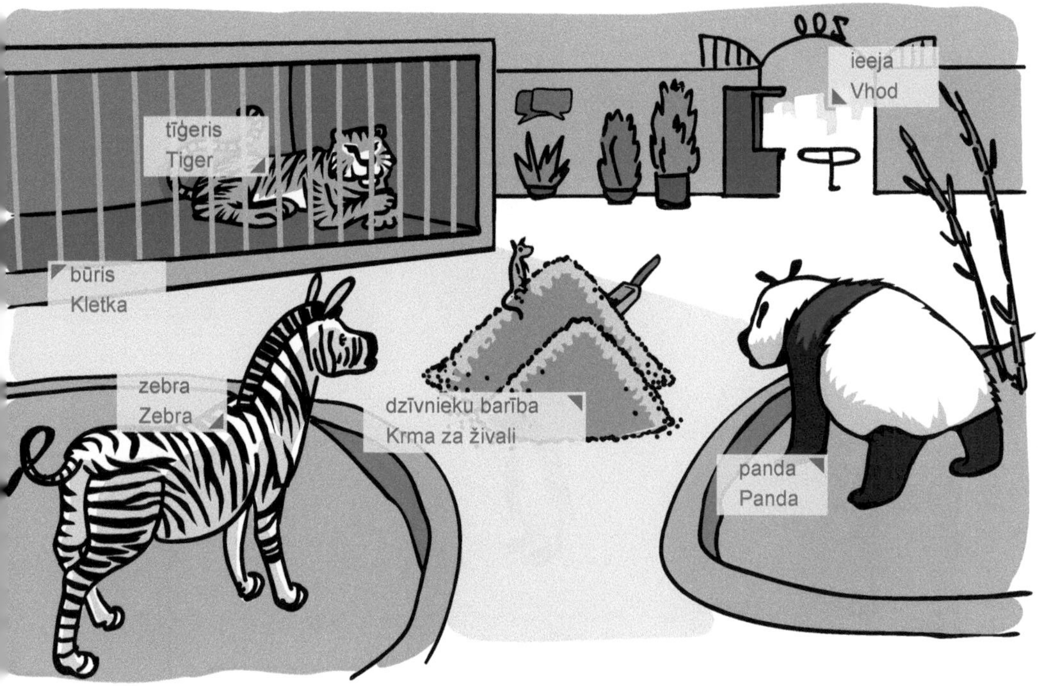

ieeja
Vhod
tīģeris
Tiger
būris
Kletka
zebra
Zebra
dzīvnieku barība
Krma za živali
panda
Panda

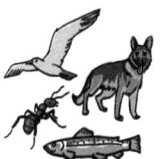

dzīvnieki

Živali

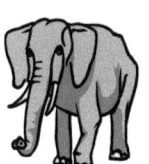

zilonis

Slon

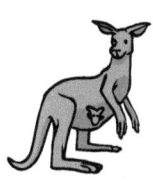

ķengurs

Kenguru

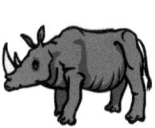

degunradzis

Nosorog

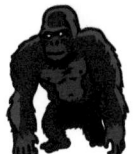

gorilla

Gorila

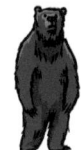

lācis

Medved

kamielis

Kamela

strauss

Noj

lauva

Lev

pērtiķis

Opica

flamings

Plamenec

papagailis

Papagaj

polārlācis

Severni medved

pingvīns

Pingvin

haizivs

Morski pes

pāvs

Pav

čūska

Kača

krokodils

Krokodil

zoodārza sargs

Oskrbnik v živalskem vrtu

ronis

Tjulenj

jaguārs

Jaguar

ponijs

Poni

leopards

Leopard

nīlzirgs

Povodni konj

žirafe

Žirafa

ērglis

Orel

meža cūka

Divji prašič

zivs

Riba

bruņurupucis

Želva

valzirgs

Mrož

lapsa

Lisica

gazele

Gazela

amerikāņu futbols
Ameriški nogomet

riteņbraukšana
Kolesarjenje

teniss
Tenis

basketbols
Košarka

peldēšana
Plavanje

bokss
Boks

hokejs
Hokej

futbols
Nogomet

badmintons
Badminton

vieglatlētika
Atletika

rokas bumba
Rokomet

slēpošana
Smučanje

polo
Polo

darbības
Dejavnosti

lēkt
Skočiti
apskaut
Objeti
smieties
Smejati se
iet
Hoditi
dziedāt
Peti
sapņot
Sanjati
lūgt
Moliti
skūpstīt
Poljubiti

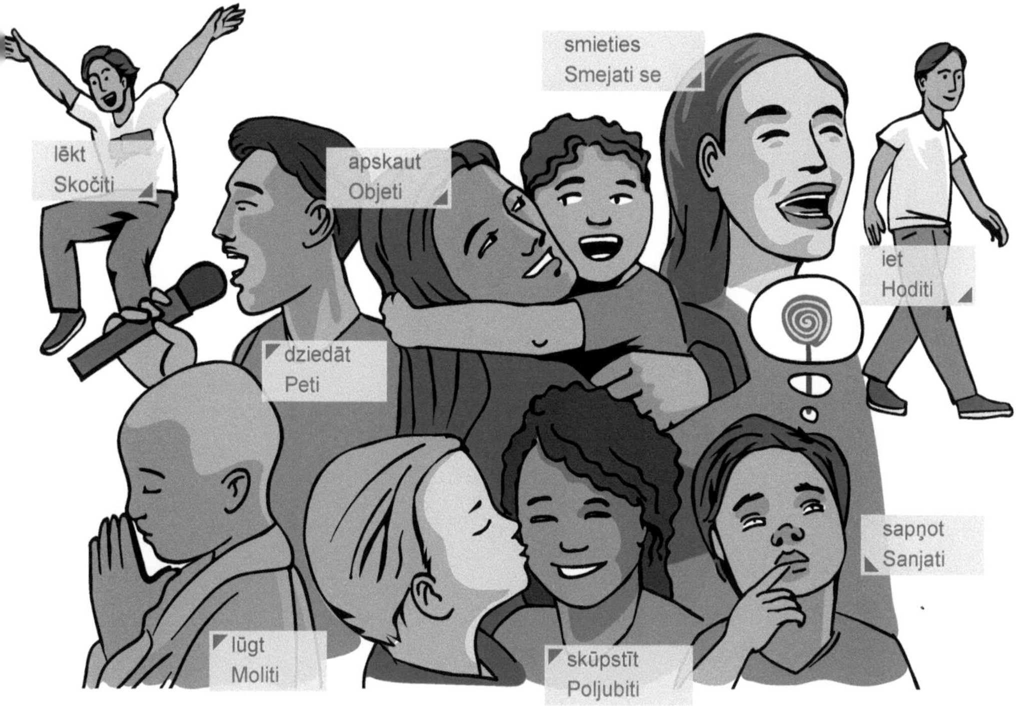

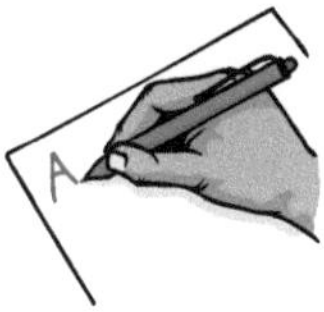

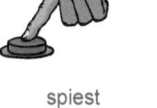

rakstīt

Pisati

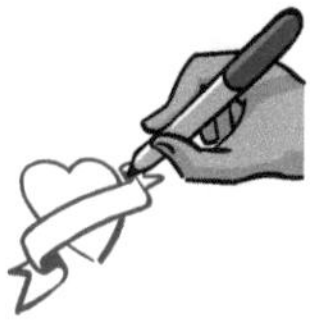

zīmēt

Risati

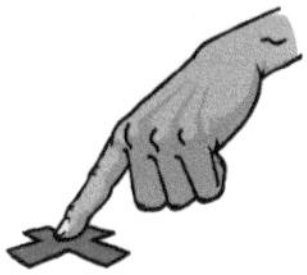

rādīt

Pokazati

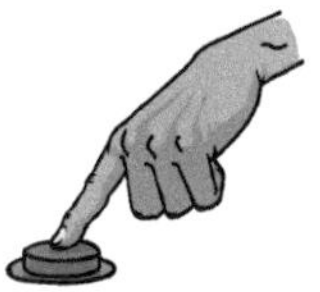

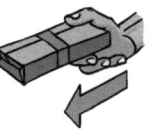

spiest

Potisniti

dot

Dati

ņemt

Vzeti

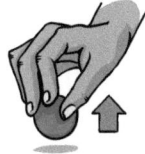

būt
Imeti

darīt
Narediti

būt
Biti

stāvēt
Stati

skriet
Teči

vilkt
Vleči

mest
Vreči

krist
Pasti

gulēt
Ležati

gaidīt
Čakati

nest
Nositi

sēdēt
Sedeti

uzģērbt
Obleči se

gulēt
Spati

pamosties
Zbuditi se

skatīties	raudāt	glāstīt
Gledati	Jokati	Božati

ķemmēt	runāt	saprast
Česati se	Govoriti	Razumeti

jautāt	dzirdēt	dzert
Vprašati	Poslušati	Piti

ēst	sakārtot	mīlēt
Jesti	Pospraviti	Ljubiti

vārīt	braukt	lidot
Kuhati	Voziti	Leteti

burot

Jadrati

rēķināt

Računanje

lasīt

Brati

mācīties

Učiti se

strādāt

Delati

precēties

Poročiti se

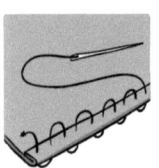

šūt

Šivati

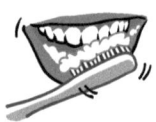

tīrīt zobus

Ščetkati si zobe

nogalināt

Ubiti

smēķēt

Kaditi

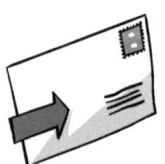

sūtīt

Poslati

vecāmāte
Stara mati

vectēvs
Stari oče

tēvs
Oče

māte
Mati

mazulis
Dojenček

meita
Hči

dēls
Sin

viesis

Gost

tante

Teta

onkulis

Stric

brālis

Brat

māsa

Sestra

ķermenis
Telo

piere
Čelo
acs
Oko
plecs
Rama
pirksts
Prst
seja
Obraz
zods
Brada
roka
Dlan
kāja
Noga
krūtis
Prsi
roka
Roka

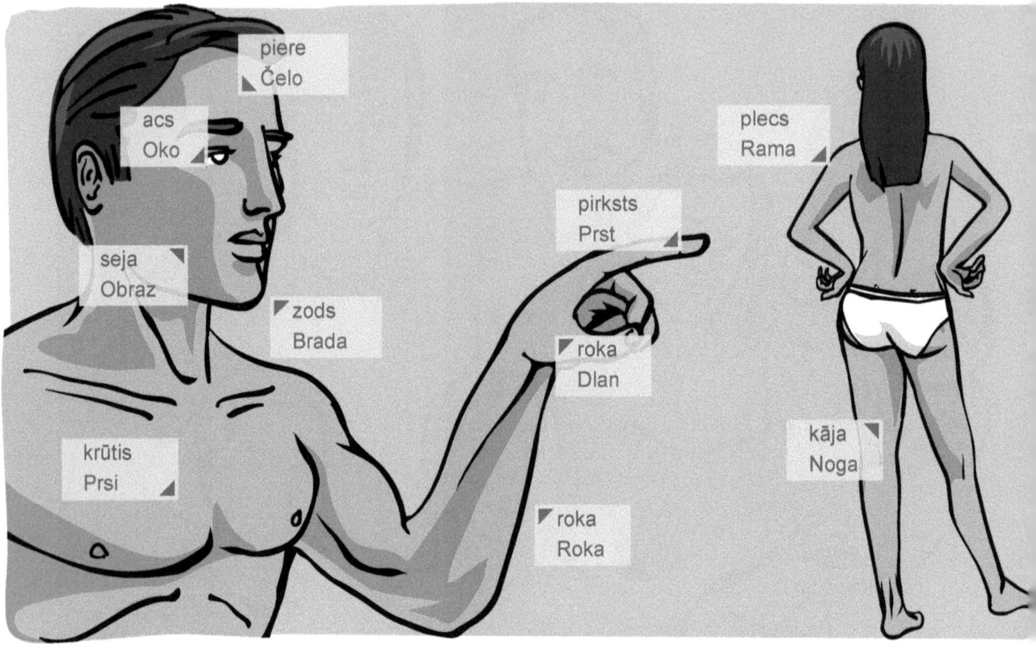

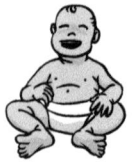

mazulis

Dojenček

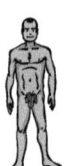

vīrietis

Človek

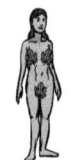

sieviete

Ženska

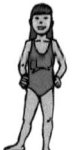

meitene

Dekle

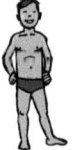

zēns

Fant

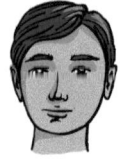

galva

Glava

mugura

Hrbet

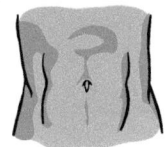

vēders

Trebuh

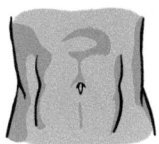

naba

Popek

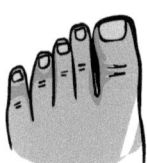

kājas pirksts

Prst na nogi

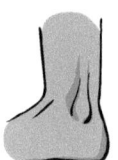

papēdis

Peta

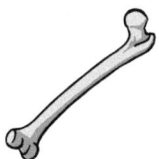

kauls

Kost

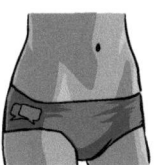

gurns

Kolk

celis

Koleno

elkonis

Komolec

deguns

Nos

dibens

Zadnjica

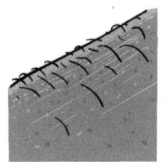

āda

Koža

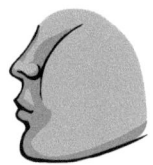

vaigs

Lice

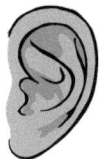

auss

Uho

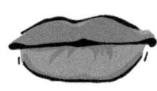

lūpa

Ustnica

mute

Usta

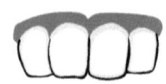

zobs

Zob

mēle

Jezik

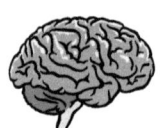

smadzenes

Možgani

sirds

Srce

muskulis

Mišica

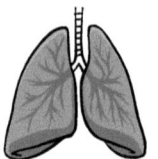

plaušas

Pljuča

aknas

Jetra

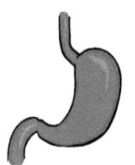

kuŋģis

Želodec

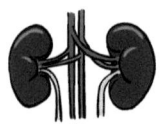

nieres

Ledvice

dzimumakts

Spolni odnos

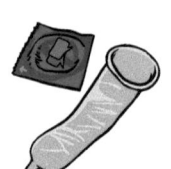

kondoms

Kondom

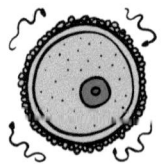

olšūna

Jajčece

sperma

Semenska tekočina

grūtniecība

Nosečnost

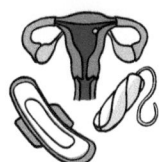

menstruācijas

Menstruacija

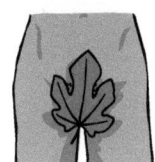

vagīna

Vagina

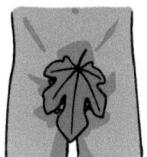

penis

Penis

uzacs

Obrv

mati

Lasje

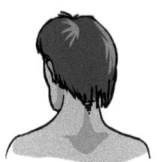

kakls

Vrat

slimnīca
Bolnišnica

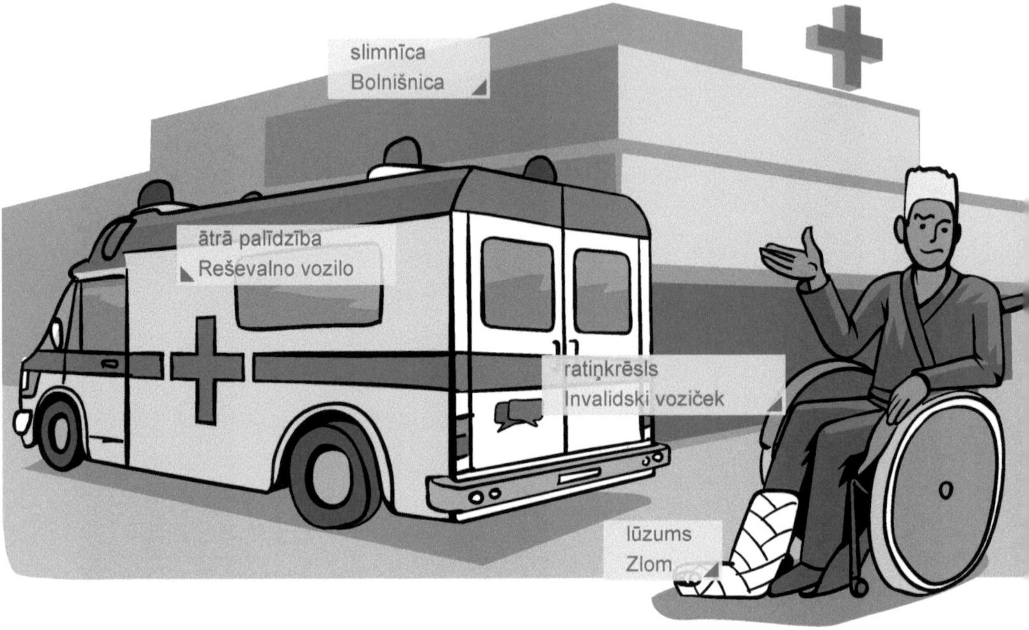

slimnīca
Bolnišnica
ātrā palīdzība
Reševalno vozilo
ratiņkrēsls
Invalidski voziček
lūzums
Zlom

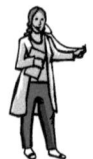

ārsts

Zdravnik

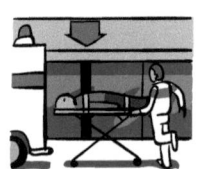

neatliekamās palīdzības nodaļa

Urgenca

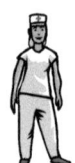

medmāsa

Medicinska sestra

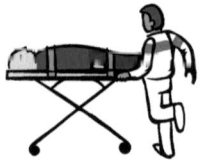

ārkārtas gadījums

Nujni primer

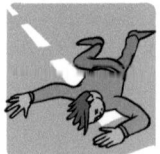

paģībis

Nezavesten

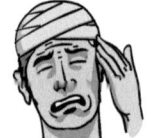

sāpes

Bolečina

ievainojums

Poškodba

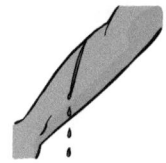

asiņošana

Krvavenje

sirdslēkme

Srčni infarkt

insults

Kap

alerģija

Alergija

klepus

Kašelj

temperatūra

Vročina

gripa

Gripa

caureja

Driska

galvassāpes

Glavobol

vēzis

Rak

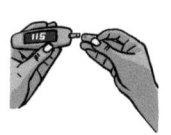

diabēts

Sladkorna bolezen

ķirurgs

Kirurg

skalpelis

Skalpel

operācija

Operacija

datortomogrāfija

CT

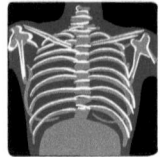

rentgents

Rentgen

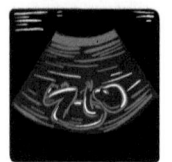

ultraskaņa

Ultrazvok

sejas maska

Obrazna maska

slimība

Bolezen

uzgaidāmā telpa

Čakalnica

kruķis

Bergla

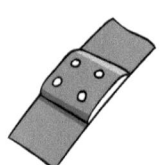

plāksteris

Obliž

apsējs

Preveza

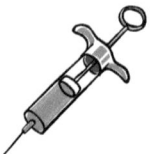

injekcija

Injekcija

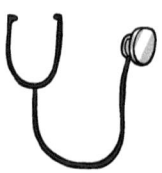

stetoskops

Stetoskop

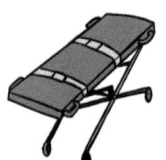

nestuves

Nosila

termometrs

Klinični termometer

dzemdības

Porod

liekais svars

Prekomerna teža

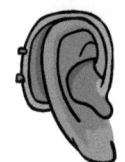

dzirdes aparāts

Slušni pripomoček

dezinfekcijas līdzeklis

Razkužilo

infekcija

Okužba

vīruss

Virus

HIV / AIDS

HIV / AIDS

zāles

Medicina

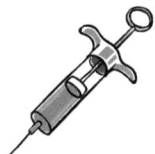

pote

Cepljenje

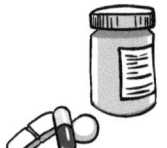

tabletes

Tablete

pretapauglošanās tablete

Tableta

ārkārtas izsaukums

Klic v sili

asinsspiediena mērītājs

Merilnik krvnega tlaka

slims / vesels

bolano / zdravo

Palīgā!

Na pomoč!

trauksme

Alarm

uzbrukums

Napad

uzbrukums

Napad

bīstamība

Nevarnost

avārijas izeja

Izhod v sili

Uguns!

Gori!

ugunsdzēšamais aparāts

Gasilni aparat

negadījums

Nezgoda

pirmās palīdzības aptieciņa

Komplet za prvo pomoč

SOS

SOS

policija

Policija

Eiropa

Evropa

Ziemeļamerika

Severna Amerika

Dienvidamerika

Južna Amerika

Āfrika

Afrika

Āzija

Azija

Austrālija

Avstralija

Atlantijas okeāns

Atlantski ocean

Klusais okeāns

Tihi ocean

Indijas okeāns

Indijski ocean

Dienvidu okeāns

Južni ocean

Ziemeļu ledus okeāns

Arktični ocean

Ziemeļpols

Severni tečaj

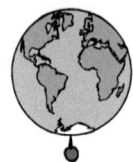

Dienvidpols

Južni tečaj

Antarktika

Antarktika

zeme

Zemlja

zeme

Kopno

jūra

Morje

sala

Otok

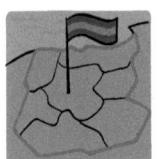

nācija

Narod

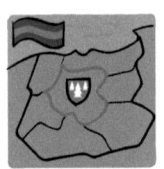

valsts

Država

ciparnīca

Številčnica

stundu rādītājs

Urni kazalec

minūšu rādītājs

Minutni kazalec

sekunžu rādītājs

Sekundni kazalec

Cik ir pulkstenis?

Koliko je ura?

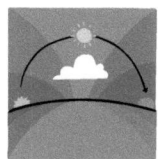

diena

Dan

laiks

Čas

tagad

Zdaj

digitālais pulkstenis

Digitalna ura

minūte

Minuta

stunda

Ura

nedēļa
Teden

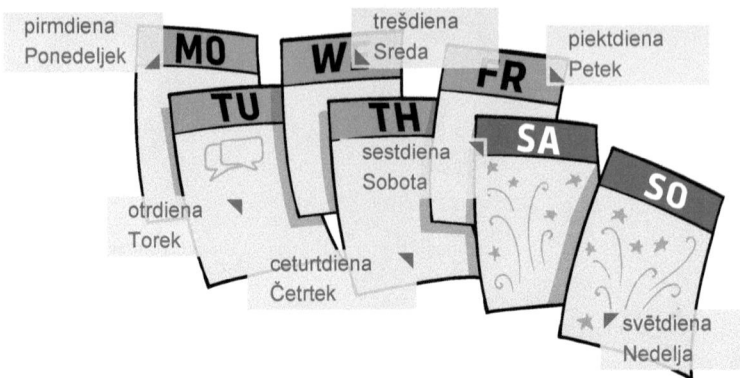

pirmdiena
Ponedeljek
MO

trešdiena
Sreda
W

piektdiena
Petek
FR

TU

TH
sestdiena
Sobota

SA

otrdiena
Torek

ceturtdiena
Četrtek

SO

svētdiena
Nedelja

vakardien
....
Včeraj

šodien
....
Danes

rītdien
....
Jutri

rīts
....
Jutro

pusdienlaiks
....
Poldne

vakars
....
Večer

MO	TU	WE	TH	FR	SA	SU
1	2	3	4	5	6	7
8	9	10	11	12	13	14
15	16	17	18	19	20	21
22	23	24	25	26	27	28
29	30	31	1	2	3	4

darbadienas
....
Delovni dnevi

MO	TU	WE	TH	FR	SA	SU
1	2	3	4	5	6	7
8	9	10	11	12	13	14
15	16	17	18	19	20	21
22	23	24	25	26	27	28
29	30	31	1	2	3	4

brīvdienas
....
Konec tedna

gads
Leto

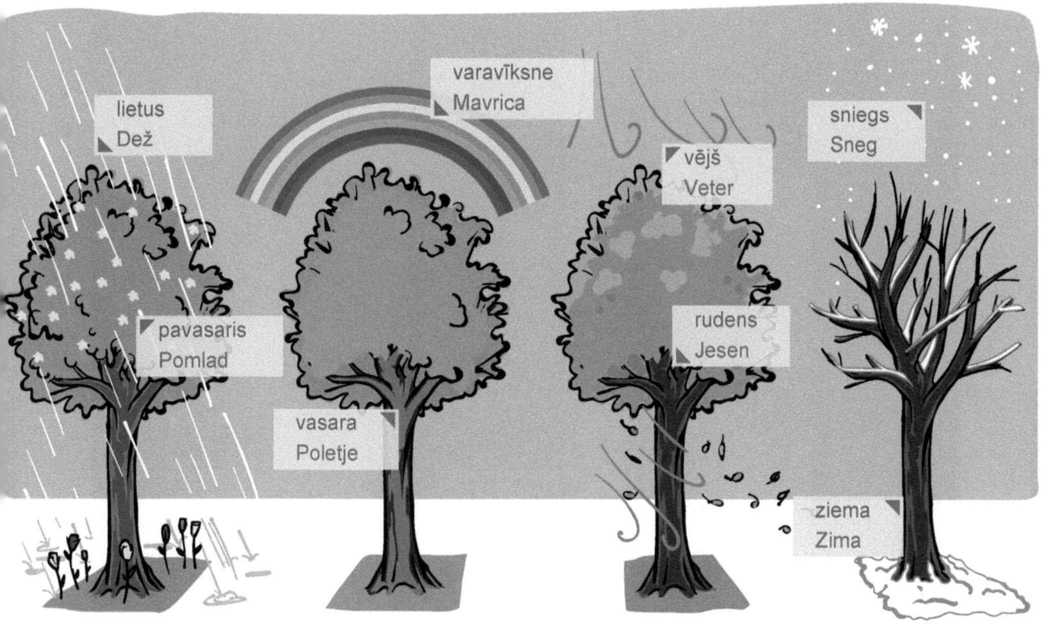
lietus
Dež
varavīksne
Mavrica
vējš
Veter
sniegs
Sneg
pavasaris
Pomlad
rudens
Jesen
vasara
Poletje
ziema
Zima

4.APRIL 11°
5.APRIL 4°
6.APRIL 13°
7.APRIL 8°
8.APRIL 10°

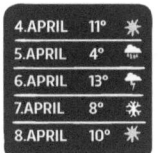

laika prognoze

Vremenska napoved

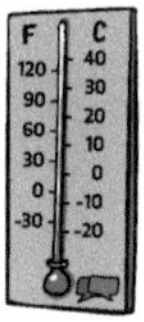
F C

termometrs

Termometer

saules gaisma

Sončna svetloba

mākonis

Oblak

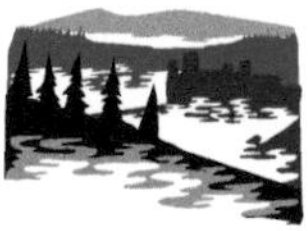

migla

Megla

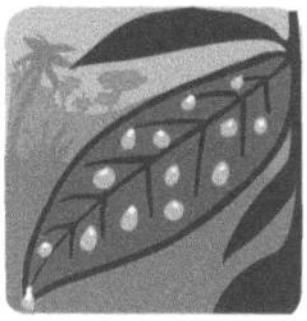

gaisa mitrums

Vlažnost

zibens

Strela

pērkons

Grom

vētra

Nevihta

krusa

Toča

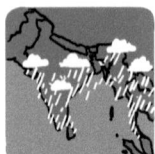

musons

Monsun

plūdi

Poplava

ledus

Led

janvāris

Januar

februāris

Februar

marts

Marec

aprīlis

April

maijs

Maj

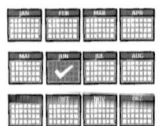

jūnijs

Junij

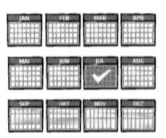

jūlijs

Julij

augusts

Avgust

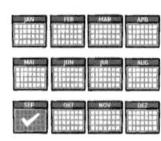

septembris
....
September

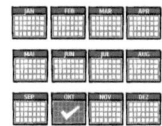

oktobris
....
Oktober

novembris
....
November

decembris
....
December

formas
Oblike

aplis
....
Krogla

kvadrāts
....
Kvadrat

četrstūris
....
Pravokotnik

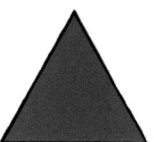

trīsstūris
....
Trikotnik

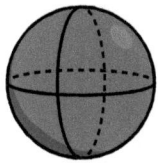

lode
....
Krogla

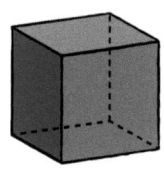

kubs
....
Kocka

balts

Bela

dzeltens

Rumena

oranžs

Oranžna

sārts

Rožnata

sarkans

Rdeča

lillā

Vijolična

zils

Modra

zaļš

Zelena

brūns

Rjava

pelēks

Siva

melns

Črna

daudz / maz
veliko / malo

saniknots / miermīlīgs
jezno / umirjeno

skaists / neglīts
lepo / grdo

sākums / beigas
začetek / konec

liels / mazs
veliko / majhno

gaišs / tumšs
svetlo / temno

brālis / māsa
brat / sestra

tīrs / netīrs
čisto / umazano

pilnīgs / nepilnīgs
popolno / nepopolno

diena / nakts
dan / noč

miris / dzīvs
mrtvo / živo

plats / šaurs
široko / ozko

baudāms / nebaudāms

užitno / neužitno

nikns / laipns

zlobno / prijazno

satraukts / garlaikots

vznemirjeno / zdolgočaseno

resns / tievs

debelo / vitko

pirmais /pēdējais

prvo / zadnje

draugs / ienaidnieks

prijatelj / sovražnik

pilns / tukšs

polno / prazno

ciets / mīksts

trdo / mehko

smags / viegls

težko / lahko

izsalkums / slāpes

lakota / žeja

slims / vesels

bolano / zdravo

nelegāls / legāls

nezakonito / zakonito

inteliģents / dumjš

pametno / neumno

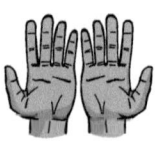

kreisais / labais

levo / desno

tuvu / tālu

blizu / daleč

jauns / lietots

novo / rabljeno

nekas / kaut kas

nič / nekaj

vecs / jauns

staro / mlado

ieslēgts / izslēgts

vklopljeno / izklopljeno

atvērts / slēgts

odprto / zaprto

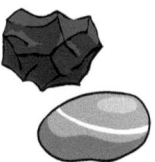

kluss / skaļš

tiho / glasno

bagāts / nabags

bogato / revno

pareizi / nepareizi

prav / narobe

raupjš / gluds

grobo / gladko

noskumis / laimīgs

žalostno / veselo

īss / garš

kratko / dolgo

lēns / ātrs

počasi / hitro

slapjš / sauss

mokro / suho

silts / vēss

toplo / hladno

karš / miers

vojna / mir

0

nulle

Ničla

1

viens

Ena

2

divi

Dva

3

trīs

Tri

4

četri

Štiri

5

pieci

Pet

6

seši

Šest

7

septiņi

Sedem

8

astoņi

Osem

9

deviņi

Devet

10

desmit

Deset

11

vienpadsmit

Enajst

12
divpadsmit
Dvanajst

13
trīspadsmit
Trinajst

14
četrpadsmit
Štirinajst

15
piecpadsmit
Petnajst

16
sešpadsmit
Šestnajst

17
septiņpadsmit
Sedemnajst

18
astoņpadsmit
Osemnajst

19
deviņpadsmit
Devetnajst

20
divdesmit
Dvajset

100
simts
Sto

1.000
tūkstotis
Tisoč

1.000.000
miljons
Milijon

angļu

Angleščina

amerikāņu angļu

Ameriška angleščina

ķīniešu mandarīnu valoda

Mandarinščina

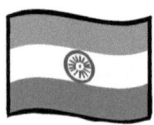

hindi

Hindujščina

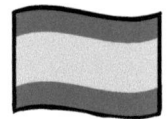

spāņu

Španščina

franču

Francoščina

arābu

Arabščina

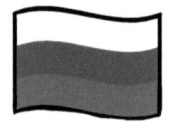

krievu

Ruščina

portugāļu

Portugalščina

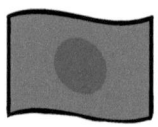

bengāļu

Bengalščina

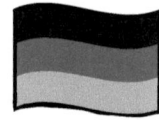

vācu

Nemščina

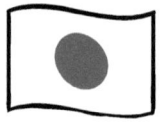

japāņu

Japonščina

es

Jaz

tu

Ti

viņš / viņa

On / ona / tisto

mēs

Mi

jūs

Vi

viņi / viņas

Oni

kas?

Kdo?

ko?

Kaj?

kā?

Kako?

kur?

Kje?

kad?

Kdaj?

vārds

Ime

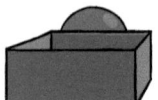

aiz

Zadaj

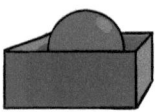

iekšā

V

priekšā

Pred

virs

Nad

uz

Na

zem

Pod

blakus

Poleg

starp

Med

vieta

Kraj